SUMÁRIO

A Presença Manifesta É Quando Você Sente A Deus. Você sente seu coração reagir, levando-lhe a clamar e chorar na Presença de Sua Glória.

Eu quero que você experimente o *Poder de Sua Presença* como você *jamais* sentiu antes.

Este É O Porque Eu Escrevi Este Livro.

Mike Murdock

A Presença de Deus É O Único Lugar Onde A Sua Fraqueza Morrerá.

-MIKE MURDOCK

∾ 1 ∾
Na Presença de Deus
Seu Foco É Corrigido

━━━━▶•◦•◀━━━━

O Espírito Santo Lhe dá Auto-Confiança.

Quando você entra na Presença de Deus, você vê o mundo de forma diferente. O salmista coloca desta forma: "Eu estava *irritado, amargurado* e *desencorajado.* Fiquei desanimado quando vi os ímpios, a prosperidade dos homens maus. Até que entrei no santuário de Deus, então eu entendi o seu fim", (cf. Salmos 73:17).

"Pois tive inveja dos arrogantes quando vi a prosperidade desses ímpios", (Salmos 73:3).

Uma Hora Na Presença de Deus Irá Revelar As Falhas Dos Seus Planos Mais Bem Planejados.

O Espírito Santo procura Sua habitação. Os pensamentos que nos atormentam mudariam se nos lembrássemos deste versículo. "Quanto ao que lhe foi confiado, guarde-o por meio do Espírito Santo que habita em nós", (2 Timóteo 1:14).

O Espírito Santo oferece *resistência, tenacidade* e *determinação* para aqueles que se tornam dependentes de Seu Refrigério e apaixonados por Sua Presença.

As *dúvidas* são *destruidoras.* Nada é mais venenoso do que a montanha russa das emoções em relação à sua salvação. Satanás lhe *provoca, acusa* e *culpa* por tudo. "... pois foi lançado fora o acusador dos nossos irmãos", (Apocalipse 12:10).

Lembre-se sempre, somente O Espírito Santo pode transmitir a *confiança inabalável* de que Cristo habita em você.

É O Espírito Santo, que *confirma* que Cristo habita em seu coração e remove todas as dúvidas sobre ele. "Nisto conhecemos que estamos nele e ele em nós, porque Ele nos deu o seu Espírito", (1 João 4:13).

O Espírito Santo nos dá A Palavra de Deus como nossa *arma* especial, a Espada do Espírito. "Tomai também o capacete da salvação e a espada do Espírito, que é a palavra de Deus", (Efésios 6:17).

A Palavra de Deus é a *arma* que O Espírito Santo usa para *destruir* as obras de Satanás.

Valorize A Palavra de Deus. É a *única* arma que Satanás não pode suportar.

Encorajo-vos a desenvolver o seu relacionamento com O Espírito Santo pela leitura diária A Palavra de Deus. *Declare as Escrituras* em todas as conversas. Timóteo nos instrui claramente: "Procura apresentar-te a Deus aprovado, um obreiro que não tem do que se envergonhar, que maneja bem a palavra da verdade", (2 Timóteo 2:15).

Na Presença de Deus Seu Foco É Corrigido.

～ 2 ～

A Presença de Deus Permite Que Você Veja Os Resultados da Sua Presente Deciasão de Servir A Deus

Há Duas Leis de Deus Operando.

A lei satânica onde Satanás oferece-lhe as coisas divertidas e então... "... a alma que pecar, essa morrerá", (Ezequiel 18:4). O caminho do transgressor é *duro*, (veja Provérbios 13:15).

Depois, há outra lei *Divina* das Escrituras. A lei do agridoce, onde a primeira parte é *amarga*, mas ela acaba *doce*. "Para o fim dessas coisas é a morte", (Romanos 6:21).

Jesus disse: se você vai Me seguir você tem que pegar a sua cruz. "Então disse Jesus aos seus discípulos: 'Se alguém quer vir após mim, renuncie a si mesmo, tome a sua cruz e siga-me'", (Mateus 16:24).

Em Apocalipse, Ele fala sobre o resultado final... que aqueles que o *seguem* também *governarão* com Ele.

Algo dentro de você deseja um *sentimento* de *pertença*. Deus *sabe* onde você *pertence*.

Algo em que você busca um senso de "integração" necessário para a *satisfação, conforto* e *descanso*.

Você não está esquecido por Deus.

O Espírito Santo é o único que pode te dar a *certeza interior* que você é verdadeiramente filho de Deus, *pertencente* à família de Deus. "O próprio Espírito testifica com o nosso espírito que somos filhos de Deus", (Romanos 8:16).

Quando Satanás te lembrar dos seu passado, faça-o lembrar do futuro que o espera.

O Espírito Santo plantou as Sementes de Grandeza em você. "Porque não recebestes o espírito de escravidão, para outra vez estardes com temor, mas recebestes o espírito de adoção, pelo qual clamamos: 'Aba, Pai!'" (Romanos 8:15).

Seu Pai Celestial tem planos incomum para você. Porque você escolheu serví-lo, muitos *benefícios* estão esperando por você à medida que você os busca em fé. "Se somos filhos, então somos herdeiros; herdeiros de Deus e co-herdeiros com Cristo, se de fato participamos dos seus sofrimentos, para que também participemos da sua glória", (Romanos 8:17).

A doença e a enfermidade serão derrotadas por causa da fé que opera dentro de você.

Pertencer a Deus gera a esperança de que irá *motivá-lo* para a purificação. "E todo aquele que nele tem esta esperança purifica-se a ele, mesmo como ele é puro", (1 João 3:3).

Sua fé vai crescer à medida que você *falar* e *ouvir* A Palavra de Deus continuamente. "Assim, a fé vem pelo ouvir, e o ouvir pela palavra de Deus", (Romanos 10:17).

Sua mudança de comportamento não é o *preço* de seu relacionamento com Ele, mas o *produto* de sua intimidade com Ele.

A Presença de Deus Permite Que Você Veja Os Resultados da Sua Presente Decisão de Servir A Deus.

O Preço da
Presença de Deus
É O Tempo.

-MIKE MURDOCK

⤳ **3** ⤳

A PRESENÇA DE DEUS É FUNDAMENTAL PARA SUA VIDA ESPIRITUAL

O Preço da Presença de Deus É O Tempo.

Paulo nos lembra no livro de Hebreus a importância de passar um tempo junto com outros crentes. "Não deixemos de congregar-nos, como é costume de alguns; antes, façamos admoestações e tanto mais, quanto vedes que o Dia se aproxima", (Hebreus 10:25).

Davi disse: "... um dia para o Senhor é como mil anos e mil anos como um dia", (2 Pedro 3:8).

"A minha alma suspira e desfalece pelos átrios do Senhor: o meu coração e a minha carne clamam pelo Deus vivo", (Salmos 84:2).

"Mas de lá buscarás ao Senhor teu Deus, e o acharás, quando o buscares de todo o teu coração e de toda a tua alma", (Deuteronômio 4:29).

Se você já se perguntou: "Por que estou aqui neste planeta terra"? É tempo de se achegar ao Espírito Santo, que vai falar com você e *identificar* sua Missão específica, *destinada* especialmente para você!

O Espírito Santo irá revelar a você a diferença entre as questões *essenciais* e *não essenciais*. "Pois pareceu bem ao Espírito Santo e a nós, não vos impor maior encargo além destas coisas necessárias", (Atos 15:28).

É por isso que é importante ter um lugar especial para se encontrar com Ele diariamente. Eu decidi chamar o meu lugar de: *O Lugar Secreto.*

Você deve afastar-se das vozes humanas quando você realmente quer ouvir A Voz do Espírito Santo. O Espírito Santo vai lhe ensinar. "Ele vos ensinará todas as coisas", (João 14:26).

Você só pode mudar quando O Espírito Santo está falando em sua vida.

A solidão é necessária para a *intimidade.*

A intimidade é necessária para *assimilação.*

A Transferência é necessária para a *mudança.*

O Espírito Santo é a própria Pessoa Que pode responder as perguntas que inquietam. (Veja Atos 8.)

O Espírito Santo espera que você ouça continuamente a Sua voz. "Hoje, se ouvirdes a Sua voz, não endureçais o vosso coração", (Salmos 95:7-8).

O Espírito Santo vai lhe ensinar sobre as coisas no seu Futuro. "Ele vos anunciará as coisas por vir", (João 16:13).

Você não pode saber todas as coisas que o Espírito Santo está fazendo... no entanto milhões de pessoas estão *provando* os eventos *sobrenaturais* e incomuns em sua comunicação com Ele... *dia após dia.* Você também pode!

A Presença de Deus É Fundamental Para Sua Vida Espiritual.

❦ 4 ❦

A PRESENÇA DE DEUS TRARÁ ARREPENDIMENTO

A Presença de Deus Traz Convicção.

Quando a verdade é falada, a *Presença de Deus* emerge. *Aconteceu com a pregação de Jonas.* Jonas chegou a Nínive e ele gritou: "... em quarenta dias, Nínive será destruída", (Jonas 3:4).

A Bíblia diz que o povo começou um jejum e Deus poupou a cidade. "Os ninivitas creram em Deus. Proclamaram um jejum, e todos eles, do maior ao menor, vestiram-se de pano de saco. Tendo em vista o que eles fizeram e como abandonaram os seus maus caminhos, Deus se arrependeu e não os destruiu como tinha ameaçado", (Jonas 3:5, 10).

Seu Foco Decide Seus Sentimentos.

O foco de Jonas era em si mesmo, em vez da libertação do povo de Deus. Sua escolha para mudar trouxe a chance de arrependimento para muitas pessoas. O Espírito Santo nos *persegue* e *atrai* para Ele. Ele é *misericordioso, gentil* e *amável*. Ele é *paciente, longânimo* e cuida de nós como uma mãe cuida de um bebê no seu pequeno berço. Sua Presença leva para um lugar de arrependimento.

Responda à convicção *interior* e ao poder de atração do Espírito. "Eis aqui agora o tempo aceitável, eis aqui agora o dia da salvação", (2 Coríntios 6:2).

A Presença Dele te faz *sensível* à Sua voz, te mantém *sedento*. Quando você deixa de buscar a Sua presença, o perigo de se tornar insensível e endurecido é muito real. Quando você se sentir perturbado em seu espírito, dê graças a Deus por isso e vá até Ele em *arrependimento*.

Ele está esperando para restaurá-lo.

Nunca entre na Presença dele de qualquer maneira. "Eu irei e voltarei ao meu lugar, até que se reconheçam culpados e busquem a minha face", (Oséias 5:15).

Jesus ensinou que O Espírito Santo era o segredo de se *tornar* um Vencedor.

O livro de Atos nos lembra do poder disponível para nós como crentes. "Mas recebereis poder, ao descer sobre vós O Espírito Santo", (Atos 1:8).

Você pode vencer qualquer tentação, vício, dor ou situação caótica por meio do Espírito Santo.

Arrependa-se se por algum motivo você se entristecer com o Espírito.

Deixe a sua *dependência* esteja com Ele e fazê-lo o Vencedor você deseja ser.

Lembre-se sempre, O Espírito Santo irá trazer a Sabedoria específica que você necessita para viver uma vida vitoriosa.

Jesus conhecia a *unção* que capacitaria aos discípulos a vencer qualquer coisa. "Mas recebereis poder, ao que O Espírito Santo que virá sobre vós, e sereis testemunhas a mim tanto em Jerusalém, em toda a Judéia e Samaria, e até os confins da terra", (Atos 1: 8).

A Presença de Deus Trará Arrependimento.

～ 5 ～

A PRESENÇA DE DEUS SEMPRE TEM IM EFEITO SOBRE OS ÍMPIOS

———————⟫•○•⟨———————

Identifique As Pessoas Que Carregam Um Espírito de Contenda.

No livro de Salmos, lemos: "Como é impelida a fumaça, assim tu os impeles; como a cera se derrete diante do fogo, assim pereçam os ímpios diante de Deus", (Salmos 68:2).

No livro de Atos, quando Estevão começou a pregar o povo se *indignou*. Ele estava cheio de fé, cheios do Espírito Santo, mas quando o povo ouviu a sua mensagem o *apedrejaram* até a morte.

Os que rejeitam *repetidamente* a correção devem ser deixados para os julgamentos e penas de Deus.

O livro de Atos diz: "Mas eles taparam os ouvidos e, dando fortes gritos, lançaram-se todos juntos contra ele, arrastaram-no para fora da cidade e começaram a apedrejá-lo", (Atos 7:57-58).

Na carta de Paulo a Tito, ele escreveu: "Quanto àquele que provoca divisões, advirta-o uma primeira e uma segunda vez. Depois disso, rejeite-o. Você sabe que tal pessoa se perverteu e está em pecado; por si mesma está condenada", (Tito 3:10-11).

Às vezes, os da sua própria casa se tornar seus maiores inimigos na busca do seu Desígnio.

José experimentou isso quando seus irmãos o venderam como escravo a uma caravana de Ismaelitas. O Evangelho de Mateus diz: "E os inimigos do homem serão os da sua própria casa", (Mateus 10:36).

Jó experimentou isso através de sua própria esposa. Na tragédia mais devastadora que já tinha conhecido, ela se recusou a encorajá-lo. "Então sua mulher lhe disse: 'Você ainda mantém a sua integridade? Amaldiçoe a Deus, e morra!'" (Jó 2:9).

Jó se recusou a permitir que ela lhe influenciasse a se afastar de Deus. *Ele lutou pelo seu foco.* "Mas ele lhe disse: 'Tu falas como uma insensata'", (Jó 2:10).

Às vezes Satanás usa seus amigos mais próximos para *examinar* suas falhas impiedosamente e *desmoralizar* você. A presença de Deus pode fazer a diferença para você, mesmo em meio a situações negativas.

A Presença de Deus Sempre Tem Im Efeito Sobre Os Ímpios.

∿ **6** ∿

A PRESENÇA DE DEUS GERA DIFERENTES REAÇÕES PARA DIFERENTE PESSOAS

O Que Algumas Pessoas Amam Outras Pessoas Odeiam.

O que anima alguns, enfurece outros. Um dia no meu escritório eu perguntei a um repórter, que estava zombando de uma cruzada de cura que aconteceu: "Irmão, você não acredita que as pessoas estão a ser curadas?" Ele disse: "Eu acho que *elas* pensam que estão sendo curadas".

A Presença de Deus não afeta a todos da mesma maneira. A próxima vez que você está na igreja durante o louvor e adoração, observe as pessoas cujas mãos estão levantadas. Observe os que estão olhando em volta com *sarcasmo* e *zombaria* para os outros.

Você é uma *Porta* ou uma *Parede*. Você pode se tornar uma Muralha contra o *cinismo, desânimo* e *pessimismo*, ou pode ser uma Porta para que outros *entrar e continuar* na Presença de Deus.

Às vezes é necessário para se tornar uma Parede contra coisas que são *pecaminosas, injustas* e que causam *infelicidade*.

A Palavra de Deus é o instrumento de paz usada pelo Espírito Santo. Como o salmista Davi disse: "Os que amam a tua lei desfrutam paz, e nada há que os faça tropeçar", (Salmos 119:165).

Palavras acusadoras criam um clima de conflito, raiva e cinismo. Os avisos podem ser encontrados no livro de Timóteo: "Destes afasta-te", (2 Timóteo 3:5).

O Espírito Santo lhe dará coragem e força para retirar-se da companhia de pessoas tolas. *Quando O Espírito Santo torna-se seu foco, a tempestade começa a se acalmar em sua mente.*

Você entra para o resto prometeu. "Este é o descanso, dai descanso ao cansado; e este é o refrigério; mas não quiseram ouvir", (Isaías 28:12).

A Prova de Amor É A Vontade de Mudar. O Espírito Santo é a sua única Fonte da verdadeira paz. Esteja disposto a pagar qualquer preço para *proteger o seu foco* e manter sua Mente nas coisas certas.

A Presença de Deus Gera Diferentes Reações Para Diferente Pessoas.

≈ 7 ≈

É POSSÍVEL QUE ESTAR NA PRESENÇA DE DEUS E NÃO MUDAR

Os Homens Fracassam Por Causa Das Palavras Que Eles Falam.

Lúcifer era um dos anjos chefe que estava na Presença de Deus o tempo todo. Ele ouviu as conversas de Deus. Ele *teve* conversas com Deus.

O Acesso É Sempre Um Teste Que Produz Um Retrato do Caráter.

Durante o tempo que Lúcifer esteve na Presença de Deus, *as Sementes do mal* começaram a crescer dentro dele. Ele invejava a Deus e queria assumir o comando e estar em um lugar de poder. Deus não tolerou esse comportamento e o expulsou juntamente com um terço dos anjos do Céu.

Por isso, é possível estar na presença da retidão e não mudar.

As *palavras certas* são tão importantes como a água sobre a terra e o sustento da vida humana. As palavras de Salomão são: "Águas profundas são as palavras da boca do homem; e a fonte da Sabedoria é um ribeiro que corre", (Provérbios 18:4).

Porque você é um filho do Deus Altíssimo, você tem direito às *bênçãos* de Deus, é um *herdeiro* de Deus, co-

herdeiro com Jesus, Que é o seu Irmão mais velho.

Mas você não pode tomar posse da *graça* e *bênçãos* de Deus a menos que tenha *conhecimento* do que Ele providenciou para você.

O livro de Hebreus nos diz. "Ora, sem fé é impossível agradar a Deus; porque é necessário que aquele que se aproxima de Deus creia que ele existe, e que é galardoador dos que o buscam", (Hebreus 11:6).

As Estações de Sua Vida Irão Mudar Cada Vez Que Você Usar Sua Fé.

Muitas pessoas têm aceitado doenças e enfermidades como professores. A Bíblia diz que O Espírito Santo vai conduzí-lo em toda a verdade. Não diz "Eu enviarei a doença para ensiná-lo e levá-lo a toda a verdade".

Mudanças Em Sua Vida Sempre Serão Proporcional Ao Seu Conhecimento.

Você nunca vai parar de pensar *negativo*, até você começar a *pensar* e *falar* palavras de fé. Você deve começar a acreditar e ver-se *vitorioso. Essa imagem vai expulsar o mal.*

Campeões Tomam Decisões Que Criam O Futuro Que Eles Desejam.

Molde A Vida Que Você Deseja. Ninguém pode fazer isso por você. A vontade de mudança não é necessariamente um compromisso de princípios. Você deve cultivar um *espírito ensinável*, se a mudança está para acontecer.

É Possível Que Estar Na Presença de Deus E Não Mudar.

☞ 8 ☜

Céu E Terra Respondem À Presença de Deus

O Próprio Céu Se Move Ao Comando Dele.

No livro de Salmos... nós lemos sobre o poder de Deus. "A terra tremeu, o céu derramou chuva diante de Deus, o Deus do Sinai, diante de Deus, o Deus de Israel", (Salmos 68:8).

Os discípulos estavam com Jesus no barco quando uma tempestade se levantou. Os discípulos estavam preocupados por isso pediram a Jesus que estava *dormindo...*

Jesus falou e os ventos lhe obedeceram. "Ele perguntou: 'Por que vocês estão com tanto medo, homens de pequena fé'? Então Ele se levantou e repreendeu os ventos e o mar, e fez-se completa bonança", (Mateus 8:26).

Ele falava com a terra e os Céus. "Dá ouvidos, ó céus, e falarei; e ouça a terra, as palavras da minha boca", (Deuteronômio 32:1).

Os Céus e a terra são ordenados a se alegrar. "Que os Céus alegrai-vos, e regozije-se a terra e diga-se entre as nações: 'O Senhor reina'", (1 Crônicas 16:31).

Deus é adorado pelas hostes do Céu. "Só Tu és o Senhor. Fizeste os Céus, e os mais altos Céus, e tudo o que neles há, a terra e tudo o que nela existe, os mares e tudo o que neles existe. Tu deste vida a todos os seres, e os exércitos dos Céus Te adoram", (Neemias 9:6).

Os ventos obedecem a Deus como Ele protege os Seus filhos, os Israelitas. "E o Senhor fez soprar com muito mais força o vento ocidental, e este envolveu os gafanhotos e os lançou no mar Vermelho. Não restou um gafanhoto sequer em toda a extensão do Egito", (Êxodo 10:19).

Deus dá o arco-íris como símbolo da promessa. "Eu colocarei Meu arco na nuvem, e será por sinal da aliança entre Mim e a terra", (Gênesis 9:13).

Como sabemos que Deus existe? "Os Céus proclamam a glória de Deus e o firmamento anuncia a obra das Suas mãos", (Salmos 19:1).

Céu E Terra Respondem À Presença de Deus.

≈ 9 ≈

VOCÊ DEVE BUSCAR A PRESENÇA DE DEUS

Deus Quer Ser Buscado.

O Espírito Santo é o único Amigo Que pode *mudar* a sua natureza.

Ele lhe dará o foco e o transformará de uma criança de *desobediência* em uma criança de *luz.*

A Bíblia diz: nos aproxime-se de Deus e Ele se aproximará de você. "Mas, para mim, bom é estar perto de Deus: fiz do Soberano Senhor o meu refúgio; proclamarei todos os Teus feitos", (Salmos 73:28). Jesus disse: "Vinde a Mim, todos os que estais cansados e oprimidos, e eu vos aliviarei", (Mateus 11:28).

Quando buscar o Seu Reino torna-se a sua *prioridade*, tudo o que você precisa na vida virá. "Mas, buscai primeiro o reino de Deus e a Sua justiça, e todas estas coisas vos serão acrescentadas", (Mateus 6:33).

Você não pode viver no Espírito, sem *respeitar* O Espírito Santo. *Ele vai onde Ele é desejado, não apenas onde Ele é necessário.*

Milhões estão vagando pela Terra como bêbados *emocionalmente* falidos, *espiritualmente* sabotados, desamparados e *perdidos.*

Somente O Espírito Santo pode movê-los das trevas para a luz. Você pode se sentir *sozinho*, isolado e até mesmo ter pensamentos *atormentando* de que ninguém verdadeiramente se importa com você.

Mas está ocorrendo o oposto.

O Espírito Santo está constantemente conversando com o Pai sobre as suas *necessidades* e *desejos*.

O Espírito Santo está em total acordo com os desejos e a vontade do Pai para *você*. Seu Pai Celestial ouve o clamor do seu coração. "E Aquele Que sonda os corações conhece a intenção do Espírito, porque o Espírito intercede pelos santos de acordo com a vontade de Deus", (Romanos 8:27).

Deixe suas palavras tornam-se *fotografias* do Futuro que você *deseja*, em vez de o Futuro que você *teme*.

1. *Fale* como um vencedor.
2. *Pense* como um vencedor.
3. *Ria* como um vencedor, não uma vítima.

Seus maiores planos acontecerão em sua vida.

Você Deve Buscar A Presença de Deus.

☙ 10 ☙

A Presença de Deus Não Vai Acontecer Automaticamente Sua Vida

---

O Preço da Presença de Deus É O Tempo.

Jesus teria passado pelo cego se ele não gritasse: "Jesus, Filho de Davi, tem misericórdia de mim", (Marcos 10:47). "E eis que dois cegos, sentados à beira do caminho, quando ouviram que Jesus passava, clamaram, dizendo: 'Tem misericórdia de nós, ó Senhor, Filho de Davi'", (Mateus 20:30).

O Ímã Para Sua Presença Será Sua Fé E Busca.

A mulher que tinha hemorragia por 12 anos nunca teria chegado à Sua Presença se não tivesse pressionado pela multidão. "E eis que uma mulher, que estava doente com um fluxo de sangue 12 anos, chegou por detrás dele, tocou a orla de Suas vestes", (Mateus 9:20).

Você Pode Mudar Sua Vida. Acredite ou não, você pode. Independentemente da sua situação familiar, sua condição financeira ou fracassos do passado, você pode entrar na "Zona da Vitória" e ficar animado com a sua vida. Deus "... nos ressuscitou juntamente com ele e nos fez assentar nos lugares Celestiais em Cristo Jesus",

(Efésios 2:6).

Corrija e amplie sua imagem de Deus, lendo bons livros, ouvindo CDs ensinando e compartilhando seu amor com os outros.

Passe algum tempo no desenvolvimento do conceito correto sobre Deus. Reconstruir a *"Figura Mental"*, que reforça a sua fé Nele.

Seu destino requer sua tomada de decisão. Falhas ocorrem diariamente. Você irá fracassar também, a menos que você aprenda a arte de *motivar-se*. O destino exige sua participação.

Este é um princípio bíblico.

Leia esta promessa: "Se quiserdes, e obedecerdes, comereis o bem desta terra: Mas, se recusardes e fordes rebeldes, sereis devorados à espada", (Isaías 1:19-20).

O maior livro sobre a terra é a Bíblia. Ela é o livro mais vendido no mundo. É a Palavra de Deus. *A Palavra de Deus irá mantê-lo puro.* "Com que purificará o jovem o seu caminho? Observando-o segundo a Tua palavra", (Salmos 119:9).

Pertencer a Deus exigirá a sua fé em Jesus Cristo. "Pois todos vós sois filhos de Deus pela fé em Cristo Jesus", (Gálatas 3:26). Lembre-se sempre, O Espírito Santo irá revelar a Sabedoria específica que você necessita para viver uma vida vitoriosa.

O Espírito Santo vai lhe ensinar passo a passo como ter uma vida de oração sobrenatural.

Valorize e celebre momentos em Sua Presença. Esteja disposto a ser mudado e fazer novas descobertas. *Busque-o. Ele É O Espírito da Verdade.*

Jesus quer governar cada parte de sua vida e orientá-lo na tomada de decisões corretas. Ele faz isso através do Espírito Santo, que é o nosso *Conselheiro,*

Consolador e *Amigo* Que nunca nos deixa nem nos abandona.

Suas *circunstâncias* pessoais são criadas por suas *Decisões* e suas *Paixões*.

A Presença de Deus Não Vai Acontecer Automaticamente Sua Vida.

O Espírito Santo É A
Única Pessoa Que
Você Está Obrigado
A Obedecer.

-MIKE MURDOCK

⇜ 11 ⇝
Na Presença de Deus Você Vai Ouvir Coisas Que Você Não Ouvirá Em Lugar Algum

———⊰•◦•⊱———

Deus É Um Comunicador.
Deus fala. Ele criou a boca... a língua.

Deus é tão comunicador que tudo que Ele criou tem ouvidos. Ele disse que você pode falar para a montanha e vai se mover se você tem fé. "Jesus respondeu: 'Eu lhes asseguro que, se vocês tiverem fé e não duvidarem, poderão fazer não somente o que foi feito à figueira, mas também dizer a este monte: Levante-se e atire-se no mar, e assim será feito'", (Mateus 21:21).

Anjos conversam com Ele.

"O anjo respondeu: 'Sou Gabriel, o que está sempre na presença de Deus. Fui enviado para lhe transmitir estas boas novas'", (Lucas 1:19). Romanos, capítulo 8 diz que O Espírito Santo fala com o Pai ao nosso respeito e intercede por nós junto ao Pai e interpreta a nossa linguagem de oração com gemidos inexprimíveis.

Agora mesmo, nos Céus, Jesus intercede por nós. Ele está conversando com o Pai por nós. "Também o Espírito ajuda as nossas fraquezas: porque não sabemos o que havemos de pedir como convém, mas o Espírito mesmo intercede por nós sobremaneira, com gemidos inexprimíveis", (Romanos 8:26).

Ele é um Deus visual. Ele mostrou a Abraão *fotos* da sua grandeza futura. "E eu farei de ti uma grande nação, e te abençoarei, e engrandecerei o teu nome e serás uma bênção: Eu farei de ti uma grande nação; abençoar-te-ei, e engrandecerei o teu nome; e tu, sê uma bênção. Abençoarei aos que te abençoarem, e amaldiçoarei àquele que te amaldiçoar; e em ti serão benditas todas as famílias da terra", (Gênesis 12:2-3).

Ele pensa. "Porque eu bem sei os pensamentos que tenho a vosso respeito, diz o Senhor; pensamentos de paz, e não de mal, para vos dar o fim que esperais", (Jeremias 29:11).

Todo ato de Deus é projetado para *aumentar* a sua *dependência* dele e seu *apego* à Sua Presença. "E te humilhou, e te deixou ter fome, e te sustentou com o maná, que tu não conheceste, nem teus pais o conheceram; para te dar a entender que o homem não viverá só de pão, mas de tudo o que sai da boca do Senhor viverá o homem", (Deuteronômio 8:3).

Ele não expressar a raiva? "Deus é juiz justo, um Deus que se ira todos os dias", (Salmos 7:11).

O que Ele diria sobre a vontade Dele para você? "Confia no Senhor de todo o teu coração e não te estribes no teu próprio entendimento", (Provérbios 3:5).

Ele expressa sua opinião sobre doenças e enfermidades. "'Porque eu te restaurarei a saúde, e curarei as tuas chagas', diz o Senhor", (Jeremias 30:17).

Ele sabe o seu futuro? "Antes que te formasse no ventre te conheci, e antes que tu saísses da madre eu te santifiquei e te dei por profeta às nações", (Jeremias 1:5).

Ele não apenas fala, pensa, prevê e nos ama... Ele

nos dá uma promessa. Ele disse: "...Eu nunca te deixarei, nem te desampararei", (Hebreus 13:5).

Quando Ele fala, cada palavra é um convite para um Milagre. "Dai, e ser-vos-á dado; boa medida, recalcada, sacudida e transbordando vos deitarão no regaço; porque com a mesma medida com que medis, vos medirão a vós", (Lucas 6:38).

Ele será dia-a-dia o seu Mentor em sua Atribuição. Deus irá *qualificá-lo.* "E o Senhor lhe disse... 'Vai, pois, agora, e eu serei com a tua boca e te ensinarei o que hás de falar'", (Êxodo 4:12).

Na Presença de Deus Você Vai Ouvir Coisas Que Você Não Ouvirá Em Lugar Algum.

Pacote-se Para Onde
Você Vai Em Vez de
Onde Você Esteve.

-*MIKE MURDOCK*

∾ 12 ∾
Entrar Na Presença de Deus Requer Que Você Passe Por Cima Das Dúvidas, Medos E Das Ocupações

———————≫•o•≪———————

O Espírito Santo Em Sua Vida Dissipa O Medo.

Seu *foco* é o mundo que você *criou* para si mesmo.

Deus fala a Moisés. "Vejam, o Senhor, o seu Deus, põe diante de vocês esta terra. Entrem na terra e tomem posse dela, conforme o Senhor, o Deus dos seus antepassados, lhes disse. Não tenham medo nem desanimem", (Deuteronômio 1:21).

Pessoas drenam você.

Batalhas drenam você. Você deve sempre voltar ao Espírito Santo para ser rejuvenescido.

Jesus prometeu que o *poder* viria a nós através do Espírito Santo. "Ele fortalece o cansado e dá grande vigor ao que está sem forças", (Isaías 40:29). "Vinde a Mim, todos os que estais cansados e oprimidos, e eu vos aliviarei", (Mateus 11:28).

É O Espírito Santo, que confirma que Cristo habita em seu coração e remove todas as dúvidas que você tem sobre Ele. "Nisto conhecemos que estamos nele e Ele em nós, porque Ele nos deu do Seu Espírito", (1 João 4:13).

O amor é inimigo do medo.

O medo *atormenta* e aumenta o tamanho do seu inimigo *na sua mente*. Quando o amor enche o seu coração, o medo não tem lugar na sua vida. "No amor não há medo antes o perfeito amor lança fora o medo; porque o medo envolve castigo; e quem tem medo não está aperfeiçoado no amor", (1 João 4:18).

O fruto do Espírito Santo é amor. "Mas o fruto do Espírito é: amor, alegria, paz, longanimidade, benignidade, bondade, fé", (Gálatas 5:22).

Sua vida no Espírito fará com que o medo se *dissolva* e se *afaste* de sua vida.

Deus é aquele que liberta. "Mas o Senhor vosso Deus temereis, e ele vos livrará das mãos de todos os seus inimigos", (2 Reis 17:39).

Entre em Sua Presença. Vá em direção ao Espírito Santo. Peça a Ele para *remover* cada grama de medo dentro de você. Comece a agradecer a Jesus por ter pago o preço, tornando-o um Vencedor, e intercedendo por você diante do Pai. "E sucederá que no dia em que o Senhor te dará descanso do teu sofrimento, e do teu pavor, e da dura servidão com que te fizeram servir", (Isaías 14:3).

Deus liberta do medo e da escravidão.

Os negociadores habilidosos ensinam que *esperar* é uma *arma*. Os mais apressados e impacientes, no fim, geralmente acabam com o pior.

Invista tempo para fazer as coisas direito.

Jesus nunca se apressou. Este foi um dos Segredos de Liderança de Jesus. Salmos de Davi diz: "O rei se alegra em Tua força, ó Senhor, e na Tua salvação quão grandemente se regozija!" (Salmos 21:1).

O Que Você Faz Diariamente Determina O Que Você Se Torna Permanentemente.

Entrar Na Presença de Deus Requer Que Você Passe Por Cima Das Dúvidas, Medos E Das Ocupações.

A Prova da Humildade
É A Vontade de
Alcançar.

-MIKE MURDOCK

≈ 13 ≈

A Presença de Deus Causa Admiração, Humildade E Adoração No Coração de Quem Está Em Sua Direção

————◆◦◆————

Adoração É A Correção do Foco.
Anjos O adoram e O exaltam.

De acordo com o livro de Apocalipse, anjos se prostram no Céu quando entram em Sua Presença. "Os vinte e quatro líderes caíam de joelhos diante dele e o adoravam. Atiravam as suas coroas diante do trono e diziam: 'Senhor nosso e nosso Deus! Tu és digno de receber glória, honra e poder, pois criaste todas as coisas; por tua vontade elas foram criadas e existem'", (Apocalipse 4:10-11).

A Prova da Humildade Está Na Vontade de Buscar. "Certa mulher, que fazia doze anos que estava com uma hemorragia, veio por trás de Jesus e tocou na barra da capa dele. Pois ela pensava assim: 'Se eu apenas tocar na capa dele, ficarei curada'", (Mateus 9:20-21).

Ela possuía uma confiança interior e o desejo de adorar ao Filho de Deus no momento em que ela O buscava.

A rainha de Sabá reconheceu a Sabedoria e a Presença de Deus em Salomão. Ela demonstrou grande *reverência* e *admiração* por Ele. Leia sobre esse encontro em 1 Reis 10.

O Espírito Santo sabe especificamente o que você precisa durante suas horas de angústia e confusão mental. Davi clamou depois de seu terrível pecado com Bate-Seba. "Não me expulses da tua presença, nem tires de mim o teu santo Espírito", (Salmos 51:11).

Foi um notável Agir da Graça no coração humano quando O Espírito Santo permitiu Estevão *amar* aqueles que o apedrejaram. "Depois, ajoelhou-se e gritou com voz bem forte: 'Senhor, não condenes esta gente por causa deste pecado!'" (Atos 7:60).

Muitas esposas têm visto a salvação de seus maridos por causa do amor do Espírito Santo dentro delas. Milhares de adolescentes rebeldes são trazidos de volta pra casa como um *imã* para seus pais amorosos... por causa do *amor* do Espírito Santo.

Só O Espírito Santo pode plantar este tipo de amor dentro do coração humano.

O Espírito Santo testa seus apetite e sua busca por Ele. "Lá do Céu olha para a humanidade a fim de ver se existe alguém que tenha juízo, se existe uma só pessoa que o adore", (Salmos 53:2). "Deus está sempre vigiando tudo o que acontece no mundo a fim de das forças a todos os que são fiéis a ele com todo o coração", (2 Crônicas 16:9). *O Espírito Santo olha para você para encontrar uma razão para lhe abençoar.*

A Presença de Deus Causa Admiração, Humildade E Adoração No Coração de Quem Está Em Sua Direção.

≈ 14 ≈

Nos Foi Dado O Direito de Entrar Na Presença de Deus

———▸◦◦◂———

Deus Requer Obediência.

No Antigo Testamento quando o sumo sacerdote ao Santo dos Santos para oferecer sacrifícios em favor das pessoas, ele deveria ter uma corda amarrada ao seu tornozelo.

Se Deus não aceitasse o sacrifício então Ele teria que matar o sumo sacerdote. O povo então teria que puxá-lo pela corda porque *ninguém* era *autorizado* a entrar no Santo dos Santos.

Quando Jesus foi crucificado, a Bíblia diz que o véu do templo se rasgou de alto a baixo. *É significante o escritor dizer como o véu foi rasgado.* Significa que *ninguém* poderia se aproximar de Deus. *Ninguém tinha acesso a Deus.*

Não foi rasgado de baixo para cima com o homem forçando seu caminho para Deus.

O véu do templo foi rasgado de cima para baixo. Isto significa que Deus literalmente criou um meio para que o homem venha a Ele. "Então, o véu do templo se rasgou em dois pedaços, de cima até embaixo. A Terra tremeu, e as rochas se partiram", (Mateus 27:51).

O Espírito Santo traz convicção de que você pertence à família de Deus.

Deus deseja ser seu Pai mais do que você deseja ser filho Dele. "O mesmo Espírito testifica com o nosso espírito que somos filhos de Deus", (Romanos 8:16).

O Espírito Santo quer lhe ungir para a obra que Ele o chamou para fazer. "Pedí, e dar-se-vos-á; buscai, e achareis; batei e abrir-se-vos-á. Pois todo o que pede, recebe; e quem busca, acha; e ao que bate, abrir-se-lhe-á", (Mateus 7:7-8).

Seu *sucesso* não se limita aos seus esforços.

Seu *Futuro* não é limitado pelo seu conhecimento pessoal.

Suas *vitórias* não dependem de suas habilidades pessoais.

O Espírito Santo e Jesus são os seus *Intercessores Pessoais* durante as provas e dificuldades da vida.

O Espírito Santo está sempre trabalhando em seu favor, por causa do amor do Pai por sua vida. "Não negará bem algum aos que andam na retidão", (Salmos 84:11).

O Espírito Santo *sabe* onde você pertence. Ele conhece a pessoa que Ele te criou para ser. "Numa terra deserta ele o encontrou, numa região árida e de ventos uivantes. Ele o protegeu e dele cuidou; guardou-o como a menina dos seus olhos", (Deuteronômio 32:10).

Você realmente é a menina dos olhos de seu Pai.

Nos Foi Dado O Direito de Entrar Na Presença de Deus.

≫ 15 ≪

É Preciso Humildade Para Entrar Na Presença de Deus

O Que Você Respeita, Você Vai Atrai.

Nunca seja arrogante. No livro de Jó, ele diz: "Se eu pudesse encontrar a Deus, gostaria de discutir com ele".

Minha mãe sempre me disse que enquanto você tiver essa *atitude*, Deus não estará *acessível*. "Ah, se eu soubesse onde o poderia achar! Então me chegaria ao seu tribunal. Exporia ante ele a minha causa, e a minha boca encheria de argumentos", (Jó 23:3-4).

Reconheça que você não sabe tudo. Admita que você nem sempre sabe como orar efetivamente através de sua lógica e mente. "Tu, Senhor, ouves a súplica dos necessitados; Tu os reanimas e atendes ao Seu clamor", (Salmos 10:17).

É importante evitar qualquer crítica aqueles que carregam a unção do Espírito Santo. "Não toquem nos Meus ungidos; não maltratem os Meus profetas", (Salmos 105:15).

É uma coisa perigosa tratar essa Unção sobrenatural de qualquer maneira. "A soberba do homem o abaterá; mas o humilde de espírito obterá honra",

(Provérbios 29:23).

O Espírito Santo escolhe a pessoa que Ele quer ungir. Os homens não escolhem a unção. Valorize o momento em que O Espírito Santo lhe unge e realiza algo específico e único através de você.

Humildemente agradeça a Ele pelo privilégio de ser usado para trazer cura para o ferido. "Portanto, quem se tornar humilde como esta criança, esse é o maior no reino dos céus", (Mateus 18:4).

A maior batalha da sua vida é O Espírito Santo contra sua carne e ego. "Porque a carne luta contra o Espírito, e o Espírito contra a carne; e estes se opõem um ao outro, para que não façais o que quereis", (Gálatas 5:17).

Você estará diante de Deus para dar conta de cada resposta dada à voz interior do Espírito Santo. "Então cada um de nós dará conta de si mesmo a Deus", (Romanos 14:12).

É muito perigoso pensar que o acesso a deus é permanente e fácil. "E se o Meu povo, que se chama pelo Meu nome, se humilhar, e orar, e buscar a Minha face, e se desviar dos seus maus caminhos, então eu ouvirei do Céu, e perdoarei os seus pecados, e sararei a sua terra", (2 Crônicas 7:14).

Jesus mostrou humildade. "Mas esvaziou-se a Si Mesmo, tomando a forma de servo, tornando-se semelhante aos homens", (Filipenses 2:7).

Nunca Trate A Presença de Deus de Qualquer Forma.

É Preciso Humildade Para Entrar Na Presença de Deus.

❦ 16 ❦

A Música É Algo Relevamte Ao Entrar Na Presença de Deus

━━━━━◦◦◦━━━━━

Entre Na Presença de Deus Cantando.

Entre na Presença Dele com *Alegria* e com *Ações de Graças* (veja Salmos 100:1-4).

Deus nunca irá habitar em um ambiente onde não há alegria. Se você quiser a Presença Dele em sua vida, você precisa cantar para Ele. "Servi ao Senhor com alegria, e apresentai-vos a ele com cântico", (Salmos 100:2).

A Adoração Corrige O Foco.

A música é a entrada para o mundo espiritual, demoníaco ou Santo. A música é protocolo para entrar em Sua Presença.

Se você cantar para O Espírito Santo, Ele Entrará. Quando você está passando por uma luta, cante. Quando você canta, adora e magnífica a Deus, Satanás se lembra que *foi* regente no coro dos Céus e então é *desmoralizado*. Quando você *adora*, ele não pode ficar em sua presença.

Quando você *magnífica* a Deus, *Ele manifestará Sua Presença*. Hoje em muitos ministérios onde existe um grande mover do Espírito Santo, há sempre *canto* e *adoração. Seu canto é um ato de obediência ao Espírito Santo.*

Crie um Lugar Secreto em sua casa. Este é um lugar para se encontrar com O Espírito Santo. Onde você está importa tanto quanto o que você é. *Onde Você Está Determina O Que Acontece Dentro de Você.*

Encontre-se com Ele no mesmo horário todas as manhãs. Busque Sua Presença. Faça isso por 30 dias. Entre em Sua Presença cantando para Ele, demonstrando seu amor por Ele.

Escreva seus pensamentos. Leve sua Bíblia e um devocional com você, e leia a Escritura daquele dia. Cuide do seu relacionamento com Ele porque em Sua Presença há plenitude de alegria. "Tu me farás conhecer a vereda da vida; na tua presença há plenitude de alegria; à Tua mão direita há delícias perpetuamente", (Salmos 16:11).

A Música É Algo Relevamte Ao Entrar Na Presença de Deus.

Oremos Juntos...
"Pai, Você disse que nos daria *segundo a nossa fé*, então hoje, feche a boca dos leões. Silencie toda oposição, toda falsa acusação. Em nome de Jesus, *ajuda-nos a viver além das circunstâncias.*

Nós confiamos em Ti. Confiamos em Tua Palavra. Em nome de Jesus. Amém".

17 Chaves de Sabedoria de Mike Murdock Para Este Livro

1. Acesso É Sempre Um Teste Que Produz Um Retrato do Caráter.
2. Campeões Tomam As Decisões Que Irão Criar O Futuro Que Desejam.
3. Mudanças Em Sua Vida Serão Sempre Proporcional Ao Seu Conhecimento.
4. Deus Não É Uma Presença... Ele É Uma Pessoa Com Uma Presença.
5. É Possível Para Estar Na Presença de Deus E Não Mudar.
6. Uma Hora Na Presença de Deus, Irá Revelar As Falhas dos Seus Projetos Mais Cuidadosamente Planejados.
7. O Espírito Santo É A Única Pessoa Que Você É Obrigado A Obedecer.
8. O Ímã Para Sua Presença Será Sua Fé E Busca.
9. A Presença de Deus É O Único Lugar Onde Sua Fraqueza Morrerá.
10. A Presença de Deus Não Acontecerá Automaticamente Em Sua Vida.
11. O Preço da Presença de Deus É Tempo.
12. A Prova de Humildade É A Disposição de Alcançar.
13. A Prova do Amor É A Vontade de Mudar.
14. As Estações de Sua Vida Irão Mudar Cada Vez Que Você Usar A Sua Fé.
15. O Que Determina O Que Entra Em Você Você Sai.
16. O Que Você Faz Diariamente Determina O Que Você Se Tornará Permanentemente.
17. Onde Você Está Determina O Que Acontece Dentro de Você. Seu Foco Decide Seus Sentimentos.

DECISÃO

Você Quer Aceitar A Jesus Como O Salvador da Sua Vida?

A Bíblia diz, "Se, com a tua boca, confessares ao Senhor Jesus e, em teu coração, creres que Deus o ressuscitou dos mortos, serás salvo", (Romanos 10:9). Repita a seguinte oração com toda sinceridade: "Querido Jesus, eu acredito que morrestes por mim no Calvério e que ressuscitastes ao terceiro dia. Eu confesso que sou um pecador e que preciso do Teu amor e perdão. Entra no meu coração, Jesus! Perdõe os meus pecados! Eu quero receber a Tua vida eterna. Confirme o Teu amor por mim com o derramar da Tua paz, felicidade e o amor sobrenatural para com os outros. Amém".

☐ Sim, Mike, hoje eu fiz uma decisão para aceitar a Cristo como o meu Salvador pessoal. Por favor, me envie o presente do seu livro "31 Chaves Para Um Novo Começo", para ajudar com a minha vida nova em Cristo.

NOME   DATA DE NASCIMENTO

ENDEREÇO   CIDADE   CÓDIGO POSTAL

PAÍS

TELEFONE   E-MAIL

Centro da Sabedoria
4051 Denton Hwy. · Ft. Worth, Texas 76117
Telefone: 1-817-759-0300
Você Amará A Nossa Website..! www.WisdomOnline.com

A menos que haja alguma indicação, todos os versículos foram extraídos da Bíblia Almeida Atualizada e NVI.
16 Fatos Sobre A Presença de Deus
ISBN 10: 1-56394-449-9 / ISBN 13: 978-1-56394-449-9 / PB-233
Copyright © 2011 por **MIKE MURDOCK**
Tradução: Mayra Siqueira
Publicadora /Editora: Deborah Murdock Johnson
Todos os direitos de publicação pertencem à Wisdom International.
Publicado por The Wisdom Center · 4051 Denton Hwy · Ft. Worth, Texas 76117
1-817-759-0300
Você Amará A Nossa Website..! www.WisdomOnline.com

www.ingramcontent.com/pod-product-compliance
Lightning Source LLC
Chambersburg PA
CBHW071744020426
42331CB00008B/2174